ESPEJITO, ESPEJITO

ExLibric

ROMI KIRILOVA

ESPEJITO, ESPEJITO

EXLIBRIC

ANTEQUERA 2023

ROMI KIRILOVA

ESPEJITO, ESPEJITO

Para Mila, de Santiago de Chile,
Tea, de Sidney,
Lolo, de Buenos Aires,
y Nadia, de Montreal.

ESCÚCHAME

LADRÓN

Él entró sin forzar la puerta de mi vida
y se instaló en el salón.
Desordenó mis pensamientos, mi cocina,
como un ladrón.
Tiró sus zapatos en el suelo
y la toalla sobre mi ordenador.
Por la noche me contó sus sueños,
fumando en el balcón.
Y después se fue, como había venido,
de puntillas por el salón.
En apariencia nada había desaparecido,
pero sabía que es un ladrón…

HUELLAS

Nuestros pasos dejan huellas
sobre la arena mojada del mar.
Se acercan y se juntan,
y se vuelven a separar.
Y seguimos separados,
como el cielo y el mar.
Pero en la arena queda grabada
la historia de nuestro amor.

FLORES DE PAPEL

Un chico me regaló una vez
un ramo de flores.
Era un ramo diferente,
de papel de colores.
«No te rías», me dijo.
«Estas flores son muy valiosas.
No te imaginas
cómo anhelan el campo…
Nosotros no las apreciamos
y hacemos como si no existieran,
pero por cada flor de papel
vive otra verdadera».

MIRILLA

Nubes llenas de mar
y un trozo de cielo entre ellas,
un agujero para espiar
cómo viven las estrellas.

El regalo

En la primera cita me regaló
una nube.
Era tan bonita y dorada…
Después pasaron años de:
alegrías, risas, llantos, abrazos,
portazos, peleas y sonrisas.
Hoy me enfadé con él
y salí al terrado;
vi la nube
y empezó a llover.

Se acabó el amor

Me pediste, después de todo,
si podríamos ser sólo amigos.
Ir al cine y, como todos,
comprar zapatos y vestidos,
tomar helado por las tardes,
intercambiar pequeños regalos…
No, no podríamos lograrlo,
sería lamentable y aburrido,
sin el calor de las manos,
sin el temblor de las rodillas.
Serías mi persona lejana,
yo ni te saludaría.

ONDAS

Mis pensamientos se van y vienen,
como palabras escritas en el mar.
A veces chocan y se detienen,
y se sumergen en mi soledad.

EL PERDÓN

Dicen que Dios es bueno y perdona a todos,
y da otra oportunidad.
Así, los malos se van de rositas,
con honores y en libertad.
Pero yo sé que hay otro Dios
que no reparta tanto amor,
Dios de la venganza y la justicia.
Creo que soy su servidor.

NACIMIENTO

Cada noche me muero,
y por la mañana aparezco otra vez.
Cada día es otra vida
diferente de ayer.
Sólo espero el día de mañana
equivocarme menos que hoy.
No hay malo, ni bueno,
ni mucho, ni nada…
Es sólo un sueño,
«hasta mañana».

NO SOY LA MEDIA NARANJA
DE NADIE, NI SIQUERA SÉ
SI SOY UNA NARANJA

Bruja

Aquí estoy, inmortal y eterna,
regando las flores de mi balcón.
Amada, odiada, risueña,
una chica del montón.
Te acaricio todas las noches
con mis doce dedos.
Te preparo fuertes pociones
que lo curan todo.
Con mi mágica escoba
barro y vuelo.
Encima de los escombros
empieza el cielo.

Alma

No sé si estoy muerta o viva.
No tengo ganas de nada.
Me siento sin vida, vacía,
sin alma.
Me imagino mi alma ahora,
andando alegre por allí;
corre y vuela y, a escondidas,
se ríe de mí.

El tiempo

Todo comenzó el día de mi muerte.
El día que dejé esta vida
fue el día que empecé a vivir.
No cambié de sitio.
Sigo ocupando el mismo espacio.
No esperé más tiempo.
Ahora me siento la dueña del tiempo.
Aparentemente nada cambió.
Simplemente tuve la decisión de vivir y sentir
los momentos del tiempo
y, entre todo, no dejar
que acabes mis frases,
porque siempre sabes lo que voy a decir,
y así nos ahorraríamos tiempo.

DUALIDAD

A veces soy blanca y ligera,
a veces puedo volar.
A veces soy negra y pegada a la tierra,
y no me puedo levantar.
La blanca no quiere bajar al suelo,
la negra no puede volar.
Así me entretengo:
a veces vuelo,
y a veces me quiero enterrar.

¿CUÁNTO ES POCO?

Necesito sólo un poco,
pero ¿qué es «un poco»?
¿Cuánto es un poco de vino,
un poco de calor,
un poco de vida,
un poco de amor?
¿Cuánto es un poco de dinero,
un poco de luz,
un poco de juego?
Necesito un poco de todo.

COSAS DE DIOSES

De pequeñas nos han hecho creer
que proveníamos de una costilla,
que Dios es hombre, y puede ser
que los hombres también lo fueran.
Y así vivimos entre dioses,
esta es nuestra realidad.
Siempre siendo religiosas,
con los dioses no hay rivalidad.

AHORA

Ahora ya no soy pedagoga, profesora,
cocinera, limpiadora,
terapeuta, enfermera,
amiga, compañera,
enemiga, dictadora,
farmacéutica, lavadora,
médica, soñadora…
Puedo pasear por la orilla del mar,
sin mirar el reloj.
Mis hijas crecieron
y se fueron.
Ya no voy a jugar con ellas,
reírme, reñirlas, vestirlas…
y escuchar tranquilamente
que las demás mamas hacen todo mejor.
Guardaré el olor de sus habitaciones
y entraré de vez en cuando.
Ahora puedo leer cuando quiero,
cambiar de canal de televisión,
escuchar «mi música» a todo volumen,
adoptar un gato, en vez de un perro.
Disculpen el desorden,
pero intento volver a ser yo.

LAS VIDAS

En la otra vida nos veremos.
Tú serás mayor que yo.
Yo seré chica esquimal, o negra,
o seré un muchacho, ¿por qué no?
Creo que las almas que se atraen
nunca saben que llega el amor.
Pero cuanto menos sepan,
mucho mejor.

YA NO ESTOY AQUÍ

Ya no veo mi reflejo en tus ojos,
cuando estoy delante de ti.
Ayer me veía.
Hoy no.
Ya no existo.
Aquí, donde vivo,
no hay ni hoy, ni ayer.
Aquí es siempre.
Nos vemos.
Hasta siempre…

LA VELOCIDAD DE LA LUZ

Estamos en la misma habitación,
a miles de años luz
de distancia.
Nunca he estado tan cerca de alguien
y, a la vez, tan lejana.
Somos universos
que se acercan
con la velocidad cósmica.
Nos encontraremos pronto,
dentro de años luz.

LA BUENA ESPOSA

Él y ella se casaron hace poco.
Tenían muchos proyectos.
Todos les llamábamos
«la pareja perfecta».
A menudo tenían envitados.
Él hacía el brindis.
Ella se sentaba al final de la mesa,
para poder servirnos.
Estaba allí y sonreía,
pero como si no estuviera.
Miraba por la ventana
las aves del río.
Despues escribía la lista de la compra.
Un día se fue, pero dejó una nota:
  «Café,
  paté
  y gofres».

LA OTRA

Yo soy la otra, la intrusa,
a la que todo el mundo acusa.
La insolente, la indecente,
a la que nadie defiende.
La que tiene llaves de los sueños
y entra sin aviso,
y se queda.
La que colecciona corazones disecados
y deseos congelados.
Pero duermo sola en mi habitación,
con mi amuleto:
un atrapasueños,
para protegerme
de «los buenos».

LOS MALOS

No digas que eres pobre,
porque ofendes a los pobres de verdad.
No digas que estás enferma,
porque ofendes a los enfermos de verdad.
No digas que estás triste,
porque ofendes a los tristes de verdad.
No digas que eres mala;
los malos… se van a alegrar.

ELLA

Eterna

Mi madre se fue hace tiempo,
pero ayer la vi en el espejo,
pelirroja y contenta,
un poco más joven en el reflejo.

PUBLICIDAD

«Volvemos dentro de tres minutos…».
Tres minutos de publicidad.
Tres minutos de «chicas guapas».
Tres minutos de vanidad.
Tres minutos perdidos,
que nunca serán recuperados.
Tres minutos de mi vida,
en los que no aprendí nada.

ME EQUIVOQUÉ

Mi orgullo me dice: «Hice bien».
Mi cerebro me dice: «Hice bien».
Mi carácter me dice: «Hice bien».
Mi sentido de justicia me dice: «Hice bien».
Mi corazón me dice: «Me equivoqué».
Pero sigo viviendo igual…
Cuando terminamos de equivocarnos,
se acaba la vida.

Idioma

Sueño en otro idioma,
y hablo con mis amigos,
y hablo con mis no tan amigos,
y todos me entienden perfectamente.
Después me contestan
en este mismo idioma,
y yo les entiendo a todos perfectamente.
No me acuerdo en qué idioma hablamos
y nos entendimos tan bien,
porque ese idioma no existe:
está sólo en mis sueños.

EL BURKA

Perdónenme, pero no puedo salir,
porque aún no me he puesto el burka.
Mi burka consiste en sonreír
y demostrar que soy única;
teñirme el pelo,
maquillarme los ojos,
pintarme los labios,
y las mejillas;
depilarme,
subir a mis tacones,
echarme perfume,
ponerme sostén
y un vestido ajustado,
incómodo pero elegante.
Un disfraz cubre todo mi cuerpo
y pienso que así soy guapa y única.
Pero cuando salgo a la calle,
veo millones como yo.
Tenemos el mismo uniforme.
Bajo este uniforme estamos nosotras.

DESAYUNO

La mujer emigrante ha ido a buscar trabajo.
La miraron de arriba abajo
y no se lo dieron.
La mujer emigrante
no sabía qué hacer.
Se puso finas bragas y pantis
y desapareció hasta el amanecer.
La vieron volver despeinada,
buscando su cobijo.
Calentó leche y cacao
para los cereales de su hijo.

Normal

En este mundo me han enseñado
a ser normal,
aceptar lo que me ha tocado
y ser legal,
a ser alguien que no se equivoca,
que hacer locuras está mal…
Pero para una loca
la locura es algo normal.

Hijas de Sumeria

Me pongo los zapatos de tacones
y ya soy más alta,
no tan pequeña
e insignificante.
Nadie se da cuenta que lucho
y controlo el mundo entero.
Me deslizo como una serpiente
entre la multitud.
Soy una diosa sumeria
salida del ataúd.
Me cambio de piel en primavera,
y en otoño me duermo,
para pasar soñando el invierno
y poner mis huevos de serpiente.
Serán como yo… valientes.

ELLA

Allí va ella, encorvada;
mira el suelo,
como si buscase algo perdido.
Su pelo plateado
refleja la luz del día.
Todas sus amigas y amigos
ya se han ido.
Todos sus amantes han desaparecido.
Ella sonríe a los niños
y espera
un último abrazo,
el de la tierra.

Banderas blancas

A la luz del cielo,
una pequeña sombra:
es mi abuela,
que tiende la ropa.
Puede sólo con un chasqueo
parar la lluvia desde las primeras gotas.
Y con un soplo empuja las nubes
para que se seque la ropa.
Me cuenta cuentos sobre las guerras,
mientras quita manchas de frutas rojas.
Las sábanas blancas son sus banderas.
Así, al sol se limpia la ropa.

Recuerdo

—Duermete, los árboles duermen
y los pájaros también.
—Yaya, ¿por qué los árboles son verdes
y el cielo es azul?
—Duérmete, el cielo descansa
y enciende las estrellas enseguida.
—Yaya, un día viajaré a las estrellas
y te llevaré conmigo.
—Duérmete, estoy cansada,
me muero por dormir.
—Yaya, tú muérete tranquila.
Yo cuidaré de ti.

CUENTOS MÁGICOS

LA LIBÉLULA

La enciclopedia dice:
«La libélula vive siete días…».
¿Qué son siete días de vida?
Siete días infinitos
para nacer,
volar,
enamorarse
y morir… feliz.

MAREA ALTA

Hoy la ciudad se ha acercado al mar.
Quería bañarse y tomar el sol.
Ha abierto todos los parasoles y toldos,
y se ha estirado al sol,
esperando la noche.
Después se ha vestido, se ha peinado,
se ha adornado de flores
y se ha puesto guapa,
con luces de colores
para ir a la fiesta.

La Sirenita

Un marinero vio una vez
una preciosa sirena:
«Las sirenas existen tal vez».
Sus compañeros se rieron.
«Son como el hombre lobo
y Papá Noel».
Pero ella existía
y estaba delante de él.
Qué bonita era ella,
con su pelo tan azul.
El abrió una Fontbella
y guardaron el tapón.
Pero pronto se pelearon,
porque ella no sabía planchar
su uniforme de marinero
y con la cola intentaba fregar.
Servía el pescado vivo,
que saltaba de los platos,
y no podía ponerse nunca
ni vestido, ni zapatos.

La Cenicienta

Yo soy la Cenicienta,
que dejó el principe, porque era un idiota.
Cogí mis zapatos de cristal
y me fui.
Yo soy la Caperucita,
que mataron el lobo y el cazador,
porque estaban compinchados
contra mí.
Yo soy la Bella durmiente,
que no abrió los ojos
mientras abusaban de ella,
y sobreviví.
A los siete enanos los eché de la casa,
uno por uno,
por ser enanos en todos los sentidos.
Salvé al príncipe en el mar,
pero él se enrolló con mi amiga.
Me escapé del palacio de la bestia,
porque tenía mal carácter.
Creo en ti
y te pido una cosa:
quítame el guisante
bajo el colchón,
porque me hace daño.

EL FLEQUILLO

Érase una vez una chica
que tenía el flequillo muy largo.
Tan largo, que no se veían sus ojos.
Así se escondía del mundo,
y nadie sabía si estaba triste o alegre.
Un día cogió unas tijeras,
se cortó ella misma el flequillo
y exclamo: «Ay, cuánto mundo.
Hay cielo y montañas y aves,
y casas y flores y cuánta gente.
Y qué guapa soy en el espejo».

Cuento del Paraíso

Érase una vez una señora morena, muy morena,
que convertía todo lo que tocaba en blanco y limpio.
Limpiaba todos los días desde la mañana hasta la noche,
y de tanto limpiar no tenía tiempo de tener familia.
Limpiaba las casas, la ropa, bañaba los perros de la gente.
Una noche se fue a dormir muy cansada.
Se durmió y no despertó, porque se había ido al cielo.
Allí la recibieron con música y flores.
Entró por la puerta más grande.
Era el Paraíso.
Ella miró a su alrededor y dijo: «No me gusta.
Está muy limpio, aquí no hay nada que limpiar».
Y como estaba arriba, entre las nubes,
se convirtió en lluvia, para bajar y limpiar la tierra.

La noche

La noche es una chica descalza
que anda alegre por las calles.
Transforma todo lo que alcanza
y entra por las ventanas.
Destruye paredes y murallas,
y junta corazones dormidos.
Desaparece por la mañana,
para reírse de todo…
a escondidas.

TODOS

Un día vi volar
una bonita palabra
y ella decidió parar
en mi mano.
Me dijo llorando:
«Olvidé mi nombre.
Significaba algo bueno
y enorme».
Yo pensé en ti, en mí,
en todos nosotros.
Ella sonrió: «Recordé mi nombre».
Todos: «Es buena y enorme».
No pude retenerla,
fue maravillosa.
Se escapó de mi mano
como mariposa.

Índice